Bibliografische Information der
Deutschen Nationalbibliothek:
Die Deutsche Nationalbibliothek verzeichnet
diese Publikation in der Deutschen Nationalbibliografie;
detaillierte bibliografische Daten sind im Internet über
dnb.dnb.de abrufbar.

Herstellung und Verlag:
BoD – Books on Demand, Norderstedt

ISBN: 978-3-7562-2282-7

Gesetzt aus Adobe Garamond Pro, Helvetica Neue LT Std
und Minion Pro.

von jacarandas und poincianas

r. perendi

sie ist schon eine Weile auf
aber es wirkt, als schiene sie mit Hilfe der Wolken
ihren Auftritt hinauszuzögern
synchron steigen beide weiter nach oben
Übersteigerung der Dramaturgiekurve

Flamingo City, Everglades
12/19

≈

Eine Gruppe von Pelikanen zieht über der Coastal Prarie von Flamingo City am Himmel ihre Kreise und man kann hören, wie ihre Flügel - ohne Flügelschlag, Raubvögeln ähnlich - den Wind schneiden.

Stunden später warte ich auf den Sonnenuntergang, der bezaubernd aussehen wird - das kann ich jetzt sagen - , und beobachte den Fischadler beim Lautgeben.

Zeitgleich spült es Wellen ans Ufer - vermeintlich repetetiv, tatsächlich aber geht jede Welle nur einmal an Land und selbst wenn eine es wöllte, in sich zu gehen und nochmal Anlauf zu nehmen, um ihre Bewegung zu wiederholen, ihren Tatendrang zu befriedigen, schon wartet hinter ihr die nächste und hinter ihr die nächste um an Land zu gehen.

Oben am Himmel gleitet in aufgewühltem Weiß ein Buckelwal daher, oder der Größe nach zu urteilen eher ein Blauwal. Unweit davon auf gleicher Höhe ein Alligator mit aufgerissenem Maul.

Das passt ja.

Flamingo City, Everglades
12/19

◊

what comes into my mind
are questions 'bout the times
those we actually
and those we wanna live in

República Dominicana
Winter 2015

<u>altmodisch, ja genau</u>

ich freu' mich,
wenn heut' noch jemand Fotos mit der Knipse macht
- altmodisch, ja genau

ich freu' mich,
wenn heut' noch jemand Briefe schreibt
- altmodisch, ja genau

ich freu' mich,
wenn heut' noch jemand spontan vor der Tür steht
- altmodisch, ja genau

Flamingo City, Everglades
12/19

$

es scheint verrückt,
Weihnachten ist gerade 3 Tage her,
und man könnte meinen,
die Innenstädte, Shopping Malls & Outlets
hätten ein paar Tage Zeit verschnaufen zu können,
aber weit gefehlt,
hier, am Rande der Stadt,
wo sich ein Outletgeschäft ans nächste reiht,
geht es genauso geschäftig zu,
wie kurz vor Weihnachten,
der Parkplatz ist genauso voll,
und die Leute kommen mit Reisetaschen und Koffern,
um ihre geschlagenen Schnäppchen
nach Hause tragen zu können
- consumerism -

Orlando
12/28/20

£

ich fürchte die Schlangen im Gebüsch
ich fürchte die Alligatoren im Wasser
ich fürchte den starken Wind,
wie den heftigen Regen,
vor allem wenn ich gerade im Zelt bin
ich fürchte die Wellen, während ich im Kanu sitze
und ich fürchte das Donnerwetter, vor allem die Blitze
ich fürchte die Autos auf der Straße
und ich fürchte den Sturz vom Motorrad bei Tempo 80
ohne Helm

ich fürchte den Unfall mit dem Mietwagen
ich fürchte das Loch in meinem Portemonnaie
ich fürchte den Überfall auf der Straße

Miami,
in Rückbesinnung auf die Everglades
12/19

≠

Ode an Simy und das Meer

dich anschauen
das Meer anschauen
dich anschauen
das Sudoku weglegen
dich anschauen
das Meer anschauen
den Roman gar nicht erst aus dem Rucksack holen

Little Cayman
11/19

∾

homes

homes
spared homes
broken homes
no homes

Pompano Beach,
looking back to Abaco
01/18/20

∞

to repair

Marsh Harbour, Abaco
01/14/20

Ω

Fledermaushimmel
Currumbin, Cairns,
Wooloongabba

Bribie Island
11/15/16

Ob Taipan oder Rattlesnake
für Hilfe ist es eh zu spät
(stimmt nicht ganz, klingt aber lustig)

Moreton Island
11/07/16

¥

in a world full of cars
I prefer to walk

Manly
10/31/16

#

Die Ostküste Australiens
ist ein einziger Fitnessclub
inklusive Funktionskleidung

angeleitet im Park
auf Rennrädern
joggend

spazierend
verweilend
das sind die Wenigsten

und zum Supermarkt um die Ecke
dann doch im Auto

Manly
11/01/16

%

es ist wie beim staffellauf,
schlagabtausch,
wir kamen in die stadt,
und die letzten trompetenbäume
blühten gelb dahin,
nahtlos abgelöst
vom sanften flieder der jacarandas,
die nun, wochen später das zepter
an die rotleuchtenden poincianas abgeben.
unbeeindruckt von alldem
blühen die frangipanis
vom ersten bis zum letzten tag.

New Farm
11/19/16

=

katzen essen zwar für ihr leben gerne fisch,
aber ins wasser gehen sie deswegen noch lange nicht.
komisch oder?
das sollten sie dann aber schon lernen.

Bribie Island
11/15/16

∧

in australien ist das mit dem obst und gemüse schon super, vor allem mit dem transport. da alles in australien selbst angebaut werden kann, braucht man die sachen einfach nur von einer ecke des landes in eine andere rollen zu lassen und schon ist es da. das funktioniert in etwa wie mit einem strandhandtuch. dinge wie melonen oder papaya werden im norden angebaut und genau dort wird australien dann am zipfel gepackt und ein wenig hochgehoben und schon rollen die sachen nach sydney oder melbourne. in europa ist das nicht so einfach. wollen wir papayas oder mangos haben, würden die mit dieser technik, auf dem weg von brasilien zu uns, ins wasser kullern.

Bribie Island
11/15/16

—

oh ihr kolosse in der see
schwer liegt ihr vor der küste
knarzt und rostet vor euch hin
bis eines tages wohl nicht mehr
viel von euch übrig sein wird
doch bis dahin
seid ihr dreh- und angelpunkt
für das leben
im und am wasser
sie kommen alle wegen euch

Moreton Island
11/06/16

In vielem erinnert mich dieser Teil der Reise,
den ich alleine ohne Simy bestreite,
an die Zeit an der Ostküste der USA.
Nach der gemeinsamen Zeit im Süden Floridas
bin ich alleine weiter
durch San Augustine & Georgia.
Das Wetter und damit verbunden die Stimmung
scheint mir recht ähnlich.
Auch die Atmosphäre der Brisbane Bay Area,
Manly & die Boondall Wetlands
versetzen mich zurück.

Brisbane, Boondall Wetlands
11/01/16

~

As soon as I cross rivers
I'm always watching out
for dugongs, bull sharks, stingrays
coming from the mouth.

Brisbane, Boondall - Nudgee
11/01/16

§

Der Sommer war zu heiß

Der Sommer war zu heiß.
Nicht für mich,
wohl aber für die Fische.
Es muss irgendwann in den späten 80ern
oder frühen 90ern gewesen sein.
Wie jedes Jahr
fuhren meine Mutter und ich
im Sommer
ans Oderhaff
an die Ostsee,
genauer gesagt
nach Ueckermünde,
dorthin, wo
die Uecker aufs Meer trifft.
Wie jedes Jahr
wohnten wir
auf einem Bauernhof,
der von einem älteren Ehepaar
namens Gloede
und derem erwachsenen,
aber nicht der Obhut der Eltern
entwachsenem
Sohn Hermann,
bald nur noch von der Mutter
und ihrem Sohn
und schließlich
von Hermann
alleine
bewirtschaftet
wurde.

±

Man konnte wählen,
ob man entweder
mit im großen Haus
oder in einem
der beiden Bungalows
unterkommen wollte.
Damals konnte ich mich
für Fliegenbänder
und Insektensprays begeistern,
die allesamt
dafür gedacht waren,
ungeliebten Plagegeistern
den Garaus zu machen.
Neben Familie Gloede
wohnten auf dem Hof noch
Schweine, Kühe,
Pferde, Gänse, Enten
und ein gutes Dutzend
exotischer Perlhühner.
Der Sommer war zu heiß.
Vor allem für die Fische,
die sich nicht anders zu helfen wussten,
als sich auszuruhen
und an der Wasseroberfläche
ein Päuschen einzulegen.
Manche schliefen sogar am Strand.
Einige von ihnen schliefen so lange,
dass sie vom ganzen Schlafen
auseinanderfielen.
In all ihre Einzelteile.
Lufblasen zum Beispiel,
noch und nöcher.

μ

Am Ufer
lachten sich
die Fliegen
und ihre Maden
ins Fäustschen
über solch einen
reich gedeckten Tisch.
Auch unser Tisch
war immer
reich gedeckt.
Käse,
Leberwurst,
Marmelade und Cornflakes
- die mit dem Tiger und dem Huhn.
Abends saßen wir
und spielten
oder schauten,
in der Mitte
des Hofes sitzend,
in die Sterne.
Meine Mutter
fuhr schon weiter
zum Strand.
Sie wollte
nicht schon wieder warten
bis ich
jedes einzelne
der zahlreichen Fröschlein
vom Radweg klaubte,
um sie
vor Schlimmerem
zu bewahren.

»

Staunend
blieb ich stehen,
um das Geschehen
zu betrachten,
dass sich mir bot,
als im Graben
- der den Radweg
auf der einen Seite
von der Kuhweide
auf der anderen Seite trennte -
eine Kuh
hilflos feststeckte.
Die Bauern
kamen mit
Seilen und Traktoren
und verhalfen
dem armen Tier
nach einer guten
Dreiviertelstunde
zu zumindest
zeitweiliger
Freiheit.
Der Sommer war heiß.
Allerdings nicht zu heiß für mich.

Moreton Island,
in Rückbesinnung auf Ueckermünde
11/04/16

ċ

moreton island
deine große last
sind die helicopterrundflüge
aller 3 minuten
ferien am airport und das für viel geld
auch 4radangetriebene automobile
die am strand fahren und parken
entsprechen nicht meiner vorstellung
vom paradies
wohl aber
der von abenteuer
was viele suchen
und zu befriedigen mögen

Moreton Island
11/04/16

¿

keine 2 sind gleich,
wir sind verschieden,
selbst einzeln sind wir nicht gleich,
sind verschieden in uns,
ändern uns,
können gar nicht gleich sein,
bzw. bleiben,
ich bin heute nicht,
was ich gestern war
und nicht
was ich morgen sein werde.

Brisbane
11/10/16

ĉ

Warum muss ich mich immer wieder
solchen Situationen aussetzen?
Wem muss ich was beweisen;
ist es die Abenteuerlust?
Überall wird darauf hingewiesen,
dass man nicht alleine laufen soll.
Handyempfang gleich null.
Das hier ist nicht der Wiener Wald
oder
die Sächsische Schweiz.
Klar kann dort auch was passieren
und man wird erst
zwei Tage später gefunden.
Aber ist es hier nicht nochmal etwas anderes
durch die Flora und Fauna,
vor allem die Fauna?
Was weiß ich denn,
wie eine Schlange reagiert,
reagieren kann.
In diesen Situationen geht die
hochgelobte Naivität nach hinten los
und wird zur riskanten Unvernunft.
Hab ich Angst
mir die Blöße zu geben,
vor mir selbst und anderen,
und mein großes Vorhaben abzubrechen,
kostet es mich zuviel Überwindung,
mir einzugestehen, dass mein Vorhaben
vielleicht ein bisschen idiotisch war
- mich alleine auf eine 5tägige Wanderung
durch einen mir nicht bekannten Wald
an der Ostküste Australiens zu begeben?

Ø

Sicher wäre ich weniger skeptisch
mein Vorhaben zu realisieren,
wenn ich auf andere Leute stoßen würde.
Das würde die vermutete Gefahr
vermeintlich minimieren.
Aber hier ist tatsächlich kaum jemand.
In der Theorie fand ich großen Gefallen,
Geld zu sparen,
wandern zu gehen,
zu campen
und nochmal
die Berge zu sehen.
Die Praxis fühlt sich gerade anders an.

Ubajee
11/11/16

Ŕ

Hier
- das stehe ich mir ein -
stoße ich an meine Grenzen.
Das zu realisieren,
das zuzulassen ist gut.
Die Tatsache allerdings,
dass ich diese Eingebung
mitten im Wald habe,
macht die Sache nicht besser
oder zumindest nicht leichter.

Ubajee
11/11/16

Æ

Beim Anblick der Jacarandablüten,
die sich auf dem Grün
unter den Bäumen sammeln,
könnte man meinen,
es handele sich
um Dutzende
von Krokussen
oder Veilchen,
die frisch aus der Erde sprießen.

Mapleton
11/13/16

Θ

Der prognostizierte,
von mir im Vorab der Reise
weitgehend ignorierte,
Sturm zog auf.
Vom Aussichtspunkt
des Thilba Thalba Camps konnte man
ein erstes Wetterleuchten
und dunkle Wolken beobachten.
Als zunehmend
noch Donner zu vernehmen war,
schien das Toilettenhäuschen des Camps
als halbwegs sicherer Ort.
Sicherer als das eigene Zelt zumindest.
Die Bäume bogen sich
unter der Windeskraft.
Das lautstark rauschende Blattwerk
machte glauben,
ein Hubschrauber würde landen
(und im Raum stand die Frage,
in welchen Baum
der Blitz wohl einschlagen würde).
Das Donnergrollen
und der Sturm waren beängstigend,
doch Regen und Blitz blieben aus.
Mit der Zeit
entfernte sich das Grollen,
der Blick nach oben allerdings
versprach kein abruptes Ende
des Unwetters.
Dementgegen
stand das Ende des Tages
in nicht allzu weiter Ferne.

Ÿ

Es war klar -
in den nächsten Minuten
müsste eine Entscheidung getroffen werden.
Zurück zum Zelt
und dort die Nacht verbringen,
auf die Gefahr hin,
der Sturm würde auf- und zurückkommen!?
Oder aber die Nacht
im Toilettenhäuschen zu verbringen!?
So oder so galt es
den Weg
zwischen Abort und Zelt
in der Nacht,
im Dunkeln zurückzulegen.
Variante Nummer 3 war der Kompromiss
aus den beiden anderen Optionen.
Sofort zum Zelt zurück,
Rucksack raus
und mit den schweren Gegenständen
aus dem Zelt bestückt,
aufgesetzt.
Stöcke, Wasserflasche
und restliches Hab und Gut in der einen,
das zusammengebaute Zelt
in der anderen Hand.
Ab zum Toilettentrakt des Platzes
und das Zelt dort aufgebaut.
Jetzt ist auch der Weg
zur Toilette nicht mehr weit.

Thilba Thalba
11/12/16
Ł

Von unten aus dem Tal,
lassen sich immer noch die hochdrehenden
Motoren der Trailbikes,
der Cross-Maschinen vernehmen.
Ab und an überschneiden sie sich
mit dem Dröhnen
der Flugzeuge über uns.

Thilba Thalba
11/12/16

Ă

Kaum zu glauben,
aber ich war tatsächlich in Freude
Zivilisationsmüll auf meinem Pfad zu entdecken.
Als Zeichen dafür,
dass zumindest ab und an auch andere
hier entlang wandern.

Gheerulla - Delicard
11/11/16

÷

Kurz nach
Anbruch der Dunkelheit
wird es am lebendigsten im Wald.
Auch meiner Phantasie sind dann
keine Grenzen gesetzt.
Es raschelt und flattert,
scharrt und schmatzt.
Um mich herum
scheinen sich
Jugendliche
verabredet zu haben,
um mir
einen Schrecken
einzujagen.
Hinter den
Bäumen stehend,
pflüstern sie sich zu.
Große Schritte machend,
sind sie im nächsten Moment
an einem anderen Ort.
Diese Waldgeister.
Das kleine Stück
Rest an Sicherheit,
dass mir das aufs Zelt
fallende Mondlicht bietet,
indem es die Schatten,
der mich umgebenden
Bäume, Sträucher, Geister
auf die Zeltwand projieziert,
schwindet in dem Augenblick dahin,
in dem sich Wolken
vor das Mondlicht schieben.

Φ

Dann bin ich blind.
Ich gebe mir Mühe,
die Gedanken an Mörder,
die mich hier heimsuchen,
zu verdrängen.
Im hochfrequenten Schwirren,
von Mücken, Fliegen und Bremsen
meine ich Stimmen zu erkennen.
Ebenso in den Lauten
mancher Vögel.
Andere Vögel klingen so,
als wenn ein Riese
in der Nähe
schnarchend ruht.

Thilba Thalba
11/13/16

ķ

ständiges fokussieren
ständiges abscannen
beobachten, achtgeben
jeder zweig auf dem boden
könnte eine ~~sch~~ sein
jedes rascheln im gebüsch
der bevorstehende, befürchtete biss
hier draußen im nirgendwo
schlechter oder gar kein funkkontakt
wo zuerst hinschauen?
direkt vor die füße?
5 meter im voraus? 10 meter?
links? rechts?
ich werde unaufmerksam
nicht ablenken lassen
wie es um mich herum aussieht?
ich weiß es nicht
stehen bleiben
schauen
weiterlaufen

Melbourne - Abu Dhabi,
in Rückbesinnung auf den
Sunshine Coast Hinterland Great Walk
11/20/16

φ

Mir scheint alles zuviel.
Nach gerade einmal einer Woche,
seitdem ich zurück in Deutschland, in Leipzig bin.
Zugegebenermaßen hat dieses Gefühl nie aufgehört,
nie pausiert, nie aufgehört Ballast zu sein.
Lange vor meiner Reise war es nicht anders,
und während meiner Reise auch nicht.
Wie sonst ist es zu erklären,
dass ich auf die wenigen Nachrichten
spärlich bis gar nicht reagiert habe.
Ich befinde mich in einer Zwickmühle.
Ich will Zeit mit meinen Freunden verbringen,
Zeit mit meiner Mutter,
will für die Kinder da sein,
für D.
und gleichzeitig fühl' ich mich erschlagen
und erdrückt.
Und das Telefon klingelt
zum 3. Mal
und ich geh' nicht ran.

Leipzig
11/30/16

ή

wir genießen die früchte
gestrenger eltern
mit der forderung nach disziplin
wird großes gefordert
der applaus rechtfertigt und
motiviert den genickbruch
was macht man mit dieser
"großen" kunst

Melbourne - Abu Dhabi
11/20/16

Ж

In Koffern und Kisten,
in Kellern und Abstellräumen,
welken sie dahin,
entschwinden, vergehen
Interessen, Talente, Fähigkeiten
verkümmern immer mehr
von Jahr zu Jahr
in den hinteren Kammern und Ecken
meines Daseins.

Leipzig
07/08/16

ῶ

Apple Watch und co.
geben den Blick nach innen frei,
auf das, was ein Glasspiegel
nicht abbilden kann.
Obsessiv genutzt
dienen beide
der Selbstoptimierung.

Leipzig
06/14/16

~

"c'est triste, mais vrais"
beliebte mein kater zu sagen,
der sich neulich in einen hund verwandelte
und dessen namen ich nicht auszusprechen vermag;
nicht weil er so schwierig ist, nein,
sondern weil er unheil zu verheißen droht.

Kuala Lumpur - Kuala Lipis
11/29/17

‰

we are just passing by
doors and windows shut
whole villages smell like durian
must be harvest time

Gua Musang - Kuala Lumpur
12/01/17

ein mädchen steckte ihren pekinesen in aspik
darin fühlt er sich ausgesprochen pekinesenmäßig schick.

ich kenne einen kaligraf’
der war bisher in seinem leben, nein, nie wirklich brav.

eine (weitgereiste) weltbekannte morchel aus dem orient
war sehr traurig, als sie herkam, dass sie hier kein mensch kennt.

Leipzig
02/03/18

ich glaub, das ist es.
ich bin mir durchaus darüber im klaren,
dass da draußen
viele filme, serien, sendungen
informativ, aufschlussreich
und unterhaltsam sind
und mir gefallen könnten.
es ist eher so, dass ich ihnen
nicht so viel
priorität
beimessen möchte,
ich mich lieber
mit anderen dingen beschäftigen möchte.
(im hier und jetzt)

undatiert

€

more than words, beyond words

sprachen zu übersetzen,
wörter zu transferieren,
ist selten, vielleicht nie,
ein eins zu eins,
es ist nur ein angleichen,
ein annähern
sprachen, ja selbst schon dialekte
transportieren mit jedem einzelnen wort
einen ganzen kontext,
der mitunter nur mit wörtern
schwer zu vermitteln ist,
eingebettet in kultur
und wertekanons
-
eine maske aus png,
eine skulptur als ausstellungsstück im museum,
kann für diejenigen,
die diesen,
oder
denen diese
kulturen fremd sind,
interessant erscheinen,
ästhetisch schön,
handwerklich besonders,
aber sie können nicht - nicht komplett - verständlich sein.
ihrem kontext enthoben.

Leipzig - Köln
06/02/18

≥

zaria, die kartoffelmaus,
die lebte wohl in unserem haus,

derweil sie niemals nie sich daran störte,
wenn sich herum die welt empörte,

und all' sie nun dabei beobacht',
wie sie sich an den vorrat macht,

der vorrat in dem vorratsschrank,
der schrank gefüllt mit erntedank,

und noch vorm ersten wintertage
- so sagt es diese sage -

war unser vorratsschränkchen leer,
kein einz'ger krümel darin mehr,

derweil zaria, die kartoffelmaus,
ruht sich von dem gelage aus,

ein jahr nun hat sie lange zeit,
dann steht die nächste ernte wohl bereit.

Leipzig
09/27/18

M̂

henning ist gut.
auf die frage angesprochen,
wann wir uns am kommenden tag
zum spazieren treffen wollen,
sagt er mir,
dass es ihm gleich wäre.
er würde zur zeit sowieso
gegen sechs uhr abends
schlafen gehen,
wir könnten uns also auch
früh um 3 treffen.
warum eigentlich nicht?

Berlin
09/18

√

I found a place to stay for the night
along the grass, along the bank
the riverbed just next to me
it's dawn and that's when
the spiders come out and
build and repair their webs
everywhere construction sites

Nünchritz - Meißen
08/18

Σ

gib ihnen Zeit,
ein paar Minuten vielleicht
und sie kommen raus,
raus aus ihren Verstecken
erst eine, dann zwei, dann ...
ich zähle sieben, aber
bestimmt sind es mehr
die Katzen von Xochimilco,
vom Plaza de los Faroles

Mexico Ciudad
01/13/14

/

wir scheuen die Nähe, den Bezug
hunderte Menschen geballt auf engem Raum,
die Narren & Verrückten durchbrechen die Stille
mit ihrem Betteln,
ihren selbst erzeugten Klangfarben,
ihrer Akrobatik.
wir scheuen die Blicke und die (Be-)Rührungen
und obwohl wir in komplett verschiedene
gar entgegengesetzte Richtungen schauen,
treffen sich unsere Blicke
dank der spiegelnden Eigenschaft von Glas
wir schauen nach draußen
und schauen nach drinnen
und tun doch weiter so,
als wenn wir
nach draußen schauen würden.

Berlin, U-Bahn
03/14

+

<u>Der schöne Tod</u>

Ob Bougainville, Efeu, Prunkwinde oder Wicke

sie alle sind
der schöne Tod

erklommen, benommen,
errungen, verschlungen

der schöne Tod

San Jose
01/22/14

?

schwer hängt der Nebel in Dir
und tief
hängt tief in Dir

ein schönes Abschiedsgeschenk hast Du mir da gemacht
nochmal schön auf die Tränendrüse gedrückt
ein bisschen Melancholie
ein bisschen Schwermut
(ich weiß, Du verstehst nur Wermuth)
Du scheinst zu wissen, dass mir das gefällt
und wenn Du es nicht wusstest,
dann weißt Du es jetzt

den Regen abwartend nutze ich einen
erdgeschossigen Sims zum Verweilen,
während die anderen gerade dabei sind
ihren Arbeits- und Schulalltag
hinter sich zurückzulassen
als sie in den Bus steigen,
der Alltag währenddessen
wartet solange an der Bushaltestelle,
um morgen früh kurz nach 7
wieder von den Schulkindern,
Sekretären, Zahnärzten und
Bauarbeiter*innen
abgeholt zu werden,
so haben sich dann alle wieder.

Vilnius
03/14

sþ

mein denken
ist mein denken und dein denken
es denkt sich in mir zusammen
mein denken
ist auch dein fühlen, dein ausdruck
und nicht zuletzt dein handeln

03/14

authentisch wirkt,
was sehr gut einstudiert,
quasi verinnerlicht

authentisch scheint,
was nicht gespielt

doch entwickelt sich
so ein Charakter, so eine Persönlichkeit
erst mit der Zeit
wird geprägt und verworfen
was ist nun authentisch?

Leipzig
04/16

¢

im Schein des Lichtes
oder genauer gegen den Schein des Lichtes
glitzern die aus dem Himmel,
aber noch nicht vom blattlosen Baum gefallenen,
sondern an seinen Ästen & Zweigen & Knospen
sich sammelnden Tropfen
wie Juwelen und Brillianten
voll und prächtig und zart, fragil
kleinen Christbaumkugeln gleich
anders als jene sind sie jedoch
nicht für die Ewigkeit gemacht
und würde man die Schachteln
der Christbaumkugeln,
in der diese
das Jahr verbringen,
mit Watte ausstaffieren,
und mit Vlies
man würde sie,
die Regentropfen
doch nicht
darin halten können.

Vilnius
03/14

}

lass dich aufwirbeln
wie junger staub,
den jedes durchqueren,
jede bewegung im raum
zum tanze animiert

nun jage ich durchs zimmer
tobe herum, renne, tanze
nein, nur in gedanken
schlaftrunken liege ich im bett
und schaffe es gerade mal
mich soweit zu motivieren,
dass ich auf die kissen schlage
um die leichtigkeit des seins,
pardon, ich meine des staubs
zu provozieren.

Leipzig
06/05/14

Д

unser bisweilen übersteigerter selbstwert
befremdet mich mitunter;
selbstbewusst mit unserer kunst hinauszupoltern,
in der arroganten, selbstsicheren annahme,
die leute würden danach schreien.

manchmal sind mir die leisen,
kaum oder gar nicht gehörten lieber,
deren schaffen unbemerkt,
deren geschaffenes ungesehen bleibt,
da sie gar nicht auf die idee kommen,
sich damit anbiedern zu wollen.

Berlin
03/14

[

dieser Aufwand kostet Zeit,
Zeit, die mit sich selbst verbracht wird,
in der das Ich im Zentrum steht
im Zentrum der Aufmerksamkeit

wieviele kennen das nicht
da wird Körperlichkeit zwar auch gelebt,
aber distanzierter & rauer
da wird keine Sonnenmilch aufgetragen,
auch wenn man 8h lang in praller Sonne
auf dem Bau steht

Arbeit am Körper, Arbeit am Geist
das Bemerkenswerte am Schminken,
sowie am generellen
Sichzurechtmachen
scheint mir die Auseinandersetzung
mit der eigenen Körperlichkeit zu sein
das Gefallen, die Freude am Selbst,
die durch das Betrachten im Spiegel,
aber auch durch die Berührung mit Pinsel,
Lippen- und Kajalstift
zum Ausdruck gebracht wird
Hände die die Creme verstreichen
die Freude am Sichwandeln

die Grenze zum Destruktiven
scheint dann überschritten,
wenn das Betrachten zur Manie wird,
das Gefallen vom Zurechtzupfen und -malen
zur Abhängigkeit gerät
und mitunter selbst damit
nicht zur Befriedigung verhilft,
wenn aus Angst
des Ungenügendseins
kein Schritt mehr nach außen gewagt wird.

A10
03/14

ē

so wie die
unterliche Betrachtung
des Hutes eines Röhrenpilzes
so mutet
der Stapel frischgeschnittener
und aufeinander gelagerter
Baumstämme an

A10
03/14

ς

und obwohl ich Kontinuitäten bräuchte
(so wie wir alle sie brauchen?)
verneine ich sie jeden Tag
und bezweifle alles
jeden Tag aufs Neue

Leipzig - Zürich
09/03/14

å

Europa. Deutschland. Leipzig.
geschichtsträchtig strotzen die Siedlungen,
die Städte
kulturrelevant die Bauten,
bedeutend, bedeutsam
intelligent und vollkommen,
erhaben
in ihrer Erscheinung

in ihrer Größe
werfen sie noch größere Schatten
ihre Tiefe, ihre Schwere
beschwert, bedrückt mich
in meinem Sein

(den großen Geist nach außen kehren zu müssen,
erscheint mir als Kleingeistigkeit)

Leipzig
02/14

ő

Ich wollte Grenzen verschwinden lassen
sie nicht akzeptieren
mein bester Freund war ein Mädchen
mein Vater eine Frau - meine Mutter
sah die Welt durch ihre Augen
ihre Ängste, ihre Wünsche

Ich wollte Grenzen verschwinden lassen
sie nicht akzeptieren
theoretisch so wenig wie praktisch
sozialisiert wie biologisch
Männlichkeiten
waren mir ein Graus

München
12/14

«

> "some people feel the rain,
> others not"

Mit diesem,
an mich gerichteten,
oder zu mir gesprochenem,
aber an alle gerichteten Satz,
entfernte er sich ein paar Meter.
Entfernte sich
von den wenigen Metern,
des durch ein Dach
vom Regen
geschützten Fußwegs,
um im Regen für uns,
für sich,
für wen auch immer,
zu tanzen.

Der Rucksack,
pitschnass,
neben ihm,
im Regen stehend.

Und während er
Moonwalk-Schritte tanzte
- zugegeben nicht schlecht -
versuchten andere
an ihm vorbeizuhuschen,
um so schlecht
wie es ging
vom Regen
verschont zu bleiben.

•

Das Drumherum
ausblendend
tanzte er weiter,
die gesamte Breite
des Fußwegs einnehmend.

Bis er,
auf einmal innehaltend,
den Tanz beendend,
seinen Rucksack zu sich nahm
und mir und vielleicht uns allen bedeutete:

"everything else doesn't matter!"

Berlin, Yorckstr.
05/30/16

✕

Eine ernüchternde Feststellung,
dass es mir an Tagen, an denen ich arbeiten gehe,
und danach von einem Termin zum nächsten hechte,
besser geht als an Tagen, an denen ich frei habe.
Ein unverplanter Tag, ein nicht einigermaßen
zuvor strukturiertes Wochenende
hebt mich aus den Angeln.
Ascher hat mal gesagt,
dass er an Tagen
an denen er arbeitet,
mehr auf die Reihe kriegt
- auch und vor allem neben der Arbeit -
als an Tagen, an denen er nicht zu arbeiten hat.
Das wollte ich nicht gelten lassen.
In anderen Städten,
an anderen Orten
wird das nicht zum Problem,
auch nicht im Urlaub.
Es verstärkt sich in Leipzig
und an freien Tagen zwischendrin,
die dann ganz vehement
mit Bedeutung gefüllt werden wollen.
Carpe Diem frisst seine Kinder.

Leipzig
05/20/16

†

der andere tag

während die einen ihren Sonntag
gemütlich angehen lassen und
noch ein wenig im Bett lesen,
dazu noch der warme Kaffee,
sind die nächsten auf dem Spielplatz mit den Kindern
- meistens mit den eigenen -
zeitgleich kommen wieder andere
nun doch auch schon vom Tanzen
nach Hause

von der einen Welt in die nächste

Leipzig
09/20/15

∂

rastlos, ratlos
das bin ich
zweifellos
ganz sicher nicht

Leipzig
02/11/15

‡

wir sind
interpretationen unserer umwelt,
dessen, was wir wahrnehmen,
dessen, was uns umgibt.

Leipzig
04/10/15

P

above every river
that divides us
there's a bridge
that binds us

Leipzig
06/15

ş

Die Azubine und der Fisch

Eine Azubine, tätig im Bäckereiwesen, traf auf einen Fisch, der sich unlängst aufgemacht hatte, sich vom Glück, vor allem aber vom Glücksversprechen loszusagen.

Es war ein Sonntagmorgen, wie er „schöner" nur schwer hätte sein können. Die Sonne beschien den Pelz des Dorfbären und die Kinder jauchzten unterm Nebelgras. Die Azubine verließ gerade die Bäckerei, von der behauptet wurde, es wäre die beste Bäckerei wo gibt, wohl aber auch aus dem Grund, da es die einzige im Umkreis von 500 Metern war. Als sie den behauenen Weg herabging, am Dorfbären vorbei, dessen Pelz schon weit aus der Ferne ganz verkokelt roch, traf sie an der Wegkreuzung auf einen Fisch. Sein Gefieder - ein wenig schuppig - glänzte im Licht und schimmerte in schönen Blau- und Grünnuancen. Er wirkte anmutig. Er würgte ein Stück Brot hervor. Sein Gehstock behalf ihm sich zu stützen. Sie sprach ihn an. Was für ein schöner Tag es doch wäre. Der Fisch reagierte nicht. Sie wartete, hielt inne, entschied sich dann jedoch zum Abschied. Der Fisch unterbrach. Er uferte aus. „Schön, was ist schon schön an dieser Welt? Ich jedenfalls will mich nicht mehr leiten lassen vom Mummenschanz, welcher Glück genannt. Glück das ist doch ..." Er führte fort: „nur eine Metapher für die Kegelbahn in unserem Geiste, für den Larvenbefall eines riemengetriebenen Plattenspielers, der ohne Unterbrechung immer nur dasselbe Lied spielt und auch nur ebendieses zu spielen vermag."
Die Bäckersazubine verdaute diese Worte, entgegnete ihm jedoch zugleich: „Schön, lieber Fisch, ist für mich die Morgenröte, die sich im Asphalt spiegelt, wohl auch der Regentropfen, der sich seit letzter Nacht am Blatt des Zweigleins

:

des Astes des Stammes des Fächerahorns hält und in Miniatur das ganze Universum in sich zu vereinen scheint." Die Azubine pausierte kurz. „Glück ist für mich die Metapher für den Zufall - den Zusammenfall der Dinge - , der es gut mit mir zu meinen scheint." Sie unterbrach sich selbst erneut mit einer Pause. Auch, um dem Fisch die Erwiderung ihrer Worte zu ermöglichen. Der Fisch jedoch blieb stumm. Nicht nur blieben die Worte aus, auch die Mimik schien wie eingefroren. Er stand da, wie er da stand. Als sich auch nach 5 Minuten an diesem Bild nichts zu ändern schien, verließ sie die Unterhaltung, den Fisch, die Kreuzung, nicht jedoch den Ort, denn sie lernte nicht nur in ebendiesem, nein sie wohnte auch da. Am Ende des Weges, kurz bevor sie abzubiegen gedachte, blickte sie sich nochmals um und blickte zu dem Fisch, der immer noch so dastand, wie gerade eben. Sie wunderte sich, führte aber ihren Gang nach Hause fort. Am nächsten Morgen, als sie auf dem Weg zur Backstube war, befand sie sich in ihren Gedanken überall, nur nicht beim Fisch. Dies änderte sich jedoch, so wie sie sich der Kreuzung näherte. Der Fisch stand immer noch so da, wie er am Tag zuvor stehen geblieben war. Sie sprach ihn an. Doch keine Reaktion. Sie stupste ihn an. Nichts. Innerlich den Kopf schüttelnd zog sie von dannen, zog Richtung Arbeit.

„Er muss hungrig sein", dachte sie immerfort bei sich, „er muss hungrig sein". Beim Mittagsmahl legte sie ein paar der Speisen beiseite, die sie sich am Morgen bei der Zubereitung selbst zudachte und verstaute sie in ihrem Sackerl. „Die soll der Fisch bekommen", beschloss sie. Nachdem die letzten Brote gebacken waren, machte sie sich auf den Weg nach Hause, auf den Weg zum Fisch. An der Kreuzung angekommen, öffnete sie ihr Sackerl und offenbarte dem Fisch die beiseite gelegten Speisen. Als auch hierauf keine Reaktion zu

ct

vernehmen war, schob sie ihm den Paparazzispeck zusammen mit dem Rabenkäse hinter die Kiemen. Von ihrem Vater mütterlicherseits wusste sie, wie man Fische fütterte, die das Maul geschlossen hielten, um damit die von ihren Züchtern und Schlächtern ihnen zugedachte Nahrungsaufnahme zu verweigern.

So gingen die Jahre ins Land, die Azubine wurde, was sie war, eine Bäckereiazubine, gründete eigene Familien und Großfamilien, erwarb Enkel und Großenkel, die ihr in den kommenden Wochen nach dem Zusammentreffen mit dem Fisch, bei der Pflege desselbigen tatkräftig unter die Arme greifen sollten.

Jedoch kam der Krieg. Da es im Dorfe so selten regnete, freute man sich zunächst des Bombenhagels und sprang auf die Straße, jung wie alt. Dem Regen ungleich, sorgte das Munitionsgewitter allerdings ausschließlich für Tod und Zerfall. Nur der Fisch schien vom rasselnden Gewäsch der Kaliber unbekümmert. Und nicht nur das, nein: Mit jeder Kugel, die ihn traf, schien die betroffene Stelle wie in Blei gegossen. Am Ende des Tages - die Gewehre entschieden sich zum Stillstand - war der ganze Fisch verkupfert. Die Azubine, eine der wenigen Überlebenden, nutzte die Chance und warf den zu Metall gewordenen Fisch in den Dorfweiher - wohl-wissentlich, dass dieser, eigentlich untypisch für einen Fisch, untergehen wird. Und mit ihm das Schlechte in der Welt, das er, der Fisch, erst über sie brachte. Am nächsten Morgen ward die Sonne wieder rot.

Leipzig
11/01/15

\

des katers bauch ist arg am krampfen
die kacke, die ist bald am dampfen
doch simy kauft spezialgemisch
dann ist die kacke bald vom tisch
doch mehr noch als nach köstlich futter
dürstets dem kater nach der butter
auch mag er gern ganz frische milch
jaja, was für ein mäkelknilch

Leipzig
01/15/16

I

Einer Eidechse in kalter Umgebung gleich,
erstarre ich (bisweilen) und
verharre in bewegungsloser Untätigkeit,
jedoch nicht aufgrund
der Kälte, sondern aufgrund
der Fülle an Dingen, die es zu tun gäbe.

Leipzig
06/14/16

f

Lasst uns Zeit schenken,
Teilhabe und Unterstützung
bei je eigenen Vorhaben,
anstatt der Dinge
von denen <u>wir</u> meinen,
die andere Person
würde sich darüber freuen.
Doch Überraschung
oder vielleicht eher
Schenken
geht schwer ohne Projektion.
Das kann das neu gekaufte Buch sein,
aber auch die frisch gestrichene Bank.
Der Umgang mit der Art
zu schenken und Geschenke
entgegenzunehmen
ist individuell.
Ansprüche, Erwartung, Nutzen.
Also:
<u>Ich</u> wünsche mir, dass <u>Ihr</u> mir Zeit schenkt,
Teilhabe und Unterstützung
bei meinen Vorhaben.
Ein gerahmtes Bild,
eine gestrichene Bank,
eine gemeinsame Unternehmung ...

Leipzig
06/14/16

L

Anfangs nicht, aber über die Stunden veränderte
sich die Temperatur hin zu einem Bereich,
in dem Beine zu krampfen drohen.
Der Schlafsack, der Sommerschlafsack,
recht dünn und nicht viel Wärme spendend.
Während wir, den See hinter uns lassend,
auf unseren Rädern nach Hause fahren,
wundere ich mich noch über Sabbe,
der es auf einmal kalt ist.
Ich kann mich darüber wundern,
da ich gerade nochmal baden war.
Meine Haare sind noch nass,
genau wie meine Badehose,
die mir zwischen Rücken und Rucksack
hinten im Rucksack klemmt.
Und es war doch frisch, nicht kalt, aber frisch.
Das nächste Mal also doch
den dickeren Schlafsack.
Ich lege die Literatur beiseite
und stehe auf,
schaue nochmal zu allen Seiten
bevor ich die Dachluke beiseite schiebe.
Warme Luft strömt empor,
mir entgegen.
So warm hätte es gerne sein können.
Entgegen der Luft,
die durchs Haus nach oben zieht,
steige ich hinab und verschließe die Luke über mir.
Jetzt erstmal frühstücken.

Leipzig
07/13/15
⌐

miami, pardon, hollywood, windig, kühl, bewölkt

Winter 2012/2013

Đ

R. O. A. D. K. I. L. L.
während die straßen mit hilfe der geier
von den leblosen überbleibseln der letzten nacht beseitigt
werden

-

man könnte meinen, sie warteten nur auf ihren tod
drüben am linken und rechten wegesrand
darauf, dass ihnen die rückgräte gebrochen werden
um sich unter den schmerzen
vielleicht aber auch nur aufgrund der mechanik des körpers
ein letztes mal aufzubäumen und sich zusammenzukrümmen

-

donnert der verkehr vorbei an uns
basssonaten auf den highways
(tag und nacht)

auf meinem schlafsack findet eine kleine eidechse ruhe
wahrscheinlich weil es dort so warm ist

Florida City
02/13/13

miami beach - deine häuser bonbonfarben
gemacht wie aus zucker
der busfahrer verschwindet
lässt den bus allein zurück
allein mit seinen gästen
um 5 minuten später zurückzukehren
er hatte sich noch schnell sein lunchpaket geholt

Miami South Beach
2012

Ą

ein pelikan im flug
mutet an
wie ein prähistorischer donnervogel

Hollywood Beach
02/01/13

Ħ

bloody bay wall
unrühmlicher name

deine schönheit
deine berge, deine canyons
unter wasser
für mich ein paradies
ein selbstverständnis ohne kategorien
für das leben zwischen, auf und aus dir

Hommage an Little Cayman
12/12

I

hollywood beach erwacht
der strand gefüllt
der wind ist warm, endlich
konglomerate verschiedener popsongs drängen sich auf
dazu das allgegenwärtige geschrei des barkeepers
die luft verteilt sonnenmilch und meersalz
weihnachtlich geschmückt
stehen die laternen nach wie vor entlang der promenade

Hollywood Beach
01/13

Das Jahr neigt sich dem Ende und anders als bei uns bekommt man es hier kaum mit. Ok, da war diese Weihnachtsfeier und ab und an sieht man mal einen Weihnachtsbaum rumstehen oder Weihnachtsbeleuchtung an den Häusern. Um das zu sehen, muss man aber auch abends unterwegs sein. Wie gestern zum Beispiel. Mein Ziel waren aber nicht die schön beleuchteten wenigen Häuser, sondern die äußerst schlecht beleuchteten Mangroven vor unserer Haustür, Südufer, Sonnenuntergang.

[...]

Also ab in den Sumpf und Fotos machen bis zum Umfallen. Das droht einem tatsächlich zu passieren, da es ja schlammig ist, noch dazu uneben.

Dort zu stehen, dem Sonnenuntergang und später dem Mondschein beizuwohnen ist einfach schön. Dieses Mitsichsein und trotzdem auch mit etwas beschäftigt sein, hat etwas Meditatives.

Nachdem ich nun meinen ersten Hai gesehen habe und heute Barracuda #3 und #4 werde ich langsam ein wenig selbstbewusster in deren Gegenwart, was nicht heißt, dass ich auf einmal das Bedürfnis habe, mit ihnen spielen zu müssen. Unfreundlich sehen sie nach wie vor aus. Debbi stimmt mir zu.

[...]

Little Cayman
12/27/12

œ

working schedule
halbsieben aufstehen, zähne putzen,
immer mal wieder duschen
frühstück für die gäste vorbereiten
ab und an, eigentlich fast immer dafür einkaufen
überall kehren, müll rausbringen, aufräumen, toiletten und
duschräume checken, küchen reinigen und ab und zu mal
ein check-out
ab 11 zeit zur freien verfügung

San Juan
01/13

Ʊ

wir ahmten den geruch der stadt nach
sammelten den schmutz, den geschmack der strasse
auf unseren kleidern
aßen von dem boden, auf dem andere schritten
schliefen in parks, am strand, auf dem bordstein
und dennoch konnten wir wählen dies zu tun
uns dazu entschließen oder nicht
(we were able to choose)

Puerto Rico
01/13

*

... entschied ich mich, meinen letzten abend am, mit palmen gezierten strand vom southern cross club zu verbringen. vor dessen ufern haben wir gestern die sunset cruise tour um owen island herum gemacht.

es verspricht gerade ein ebenso schöner sonnenuntergang zu werden. deswegen höre ich jetzt auch mit schreiben auf ...

Little Cayman
12/28/12

₹

Lucille hat gekämpft.
Sie war tapfer,
hat sich durchgeschlagen,
überall und nirgends geschlafen.
Mehr nichts als etwas gegessen.
Das zehrt auf Dauer.
Gestern hat sie sich ergeben.
Die Dame von 89 Jahren.
Zwei Leute vom Altersheim stehen
zum Abholen bereit.

Hollywood, Florida
12/31/12

your beauty

Hollywood Beach
2013

...

einem toten vogel gleich,
dem die kinder zur überprüfung des ablebens
stöcke in den bauch pieksen,
imaginiere ich mich reglos im regen liegend,
verwunderte, besorgte blicke erntend,
deren besitzer*innen mich aber
schlußendlich doch nicht
zum regen bewegen

11/13

§

the wind ist whispering my name
is whispering my names
is whispering my name
Blätter tanzen im Abendlicht
dünne Äste geben ihnen Halt
das Abendgrau von Wolken und Wolken eingepudert
die wenigen Lichtquellen im Garten
verraten unsere Existenz,
unsere Anwesenheit
an der Spitze des Maderas
bleiben die Regenwolken hängen
- Tag für Tag -
obwohl der Wind sich alle Mühe gibt,
verrät der Griff ins Haar
meinen Gang zum See,
in den See
die Uhren ticken hier anders
es ist 18 Uhr und dunkel

Ometepe
2014

!

die Arroganz der Jugend

-

zu glauben, man selbst würde nicht alt werden

undatiert

ʊ̃

ich bin nur betrachter.
vor meinem auge laufen ständig
filme & theaterstücke ab,
in die zu intervenieren
ich als unangemessen erachte.

(ja, es sind eigentlich immer premieren.)

undatiert

ich scheine von wenigen Sachen überzeugt zu sein,
noch seltener, dass ich diese Überzeugungen
für allgemeingültig erklären würde,
es sind eher Mutmaßungen von Dingen,
die ich für richtig halte.

undatiert

φ

mit Sicherheit kann man sich
an einer selbst geschaffenen Zeichnung,
an einem selbst geschossenen Bild erfreuen.
sie können allerdings nur Surrogat dessen sein,
was nicht bewusst und voll erfasst wurde,
da es mehr darum ging ein Abbild zu schaffen,
als sich dem Moment voll und ganz hinzugeben.

undatiert

ich will eigentlich mehr mein leben,
meine beziehungen gestalten
als meine wohnung.

undatiert

φ

don't try to sell muffins on a punk show
they want beer

undatiert

σ

mit dir,
gehen teile
von mir

undatiert

ŵ

im frühjahr &
sommer flogen
die schwalben
im hof herum.

die tauben sind
immer da. sie
haben das ober-
geschoss des
nachbarhauses
besetzt.

in der kastanie, die seit sommer ihre
blätter verliert und jetzt vollkommen
kahl ist, sitzt eine elster.
in der max-planck-straße gab es auch
zwei von denen.

undatiert

(

ich ignoriere das tageslicht
und feiere stattdessen
in etwaigen discohöhlen
bis morgens
dreiviertelacht ab ...

undatiert

oktober ist auf den strassen und im park
2sekundenlang riecht es nacherdbeeren

undatiert

*

du besuchst deine
eltern wohl immer
zu gänzlich anderen
zeiten als ich meine
mutter.
ich hab dich lange
nicht gesehen.

undatiert

du erzählst mir
dass es hier flamingos gibt
in 2 tagen werd ich sie selber sehen
oben bei montpellier
100%

Diskosport WK4
undatiert

fh

<u>passiv-aktiv</u>

schnell
fließen Regentropfen
am Fenster entlang
(durchschaubar)
das Ziel nicht wissend
kommen trotzdem an
haben keinen Einfluß auf ihren Weg?
Doch du kannst

undatiert

J

Wie kommt es, dass man gerade
beim Regen nachdenklich wird
anfängt sich verstärkt Gedanken
zu machen
Gedanken entfliehen
gelangen mit dem Regen
wieder nach unten
zu einem selbst
Wirken

undatiert

zur Ameise

ich kann dich mitnehmen
aber bitte sei dir im klaren darüber,
dass ich nicht so bald hierher zurückkehre
bleibst für immer fern
lässt alles zurück
was nun?

undatiert

Λ

Ein sich im Wasser spiegelnder Baum
Scheinwelt
so lange bis die herunterfallenden Blätter
im Wasser landen
die sind Realität im Spiegelbild

undatiert

Ħ

als das mädchen in den spiegel sah,
sagte sie zu sich:
"ich wußte gar nicht,
dass ich so hässlich bin"
danach ging sie,
den spiegel
hinter sich lassend,
lachend davon!

undatiert

"O

fernsehen tötet kommunikation
schafft distanzen

undatiert

ă

Unsere Unterschriften ändern sich,
wie wir uns auch äußerlich ändern.
Schön sein zu wollen,
bedeutet womöglich sich zu richten.
Was ist schön - Schönheit?
Und ebenso wie sich unsere Unterschriften und
Äußerlichkeiten ändern,
genauso ändern sich auch
unsere Ansichten, Positionen und Ideale.
Soweit das einen selbst betrifft,
nimmt man alles mehr oder weniger
einfach hin.
Aber sobald wir merken,
dass sich unser Gegenüber verändert,
fällt es schwer dies
zu akzeptieren.
Distanzen schleichen sich ein
und so ändern sich auch
die Beziehungen zwischen uns.

undatiert

Baustoff

Früher hab ich dich beneidet
für das tolle Geflecht, das du dir hast anlegen lassen,
was dich schützend umgab.
Die Ameisen konnten so besser
an deinen glatten Panzer gelangen.
Arbeiteten flink.
Erneuerten.
Heute, Jahre später, wo dein Panzer erkaltet ist,
legt man nun auch mir das Geflecht an den Körper.
Teilweise in den Körper hinein,
damit es Halt findet,
nicht abrutscht.
Oder vielleicht nur
um sinnlos Schmerz zufügen zu können.
Beneidest du mich jetzt?
Oder bist du eitel genug,
durch deine eigene, neugewonnene Schönheit,
um Neid nicht empfinden zu müssen?
Die Tage gehen vorbei,
bald ist mein Panzer kalt.
Und schön?
Vielleicht zerstört.

Der Hund pisst an die Wand.

undatiert

Tagträumer. Und ich geh mit dir zusammen an die Plätze unserer Kindheit. Auf eurer Seite hinter den S-Bahngleisen waren wir nie so oft und trotzdem hätte es passieren können, dass wir uns kennenlernen. Damals. Vielleicht haben wir uns ja sogar früher schon einmal gesehen. Lange her. Damals. Jeder trägt seine eigene Geschichte mit sich. Aber ein Teil geht immer verloren. Halt. Jetzt siehst du mich mit den anderen Kindern im hohen Gras - wir waren Freunde und taten so, als wären wir Löwe und Gazelle. Wir stehen neben ihnen, groß geworden und neue Träume besitzend, alte verloren, Unbeschwertheit verloren. Alles scheint so problematisch. Einfach leben? Das wenigste scheint noch einfach. Wir stehen neben ihnen, schauen ihnen zu - ich sehe mich - du siehst mich zweifach - wir werden nicht gesehen, wir sind nicht da, nicht da für sie, als wenn wir Tarnkappen tragen würden.

Imagine you stand in your childhood. Watching yourself.

Wir gehen weiter. Es ist schon später, aber wir können ja eh alles zurückdrehen. Heute steht hier der Konsumpalast. An der Stelle haben wir aus dem Sitzen heraus versucht Steine in die Öffnung der Kanalisationsluken zu werfen. Da, an der Stelle waren einfache Buden, wo man für Geld flippern konnte. Hier standen früher viele Container anstelle von richtigen Baufundamenten. Der dort war die Starvideothek, den anderen bewohnte die Dresdner Bank.

Es ist Winter. Siehst du die Kinder da drüben, die zwischen vielen kleinen Hügeln hin- und herrennen und versuchen das Eis der gefrorenen Pfützen zum Klirren zu bringen. Am schönsten sieht das Eis aus, wenn sich Luftblasen darin verfangen. Derjenige war der Held, der die größte Eisscheibe am Stück aus dem kalten Wasser hob. Was ist los? Siehst du die Kinder? Siehst du mich? N.? Ich bin oft in Gedanken bei dir, deswegen wollte ich mit dir hierher gehen.

..

Was wirst du mir zeigen? An welche Orte wirst du mich führen? Auf der anderen Seite. Gibt es die andere Seite wirklich? Oder ist sie nur künstlich? Gemacht um uns zu trennen. Junge. Mädchen. Junge. Ist nur der Anfang von Gegensätzlichkeiten, die womöglich nur durch Prägung so gegensätzlich erscheinen.

everyone has a story to tell.
jede*r hat eine geschichte zu erzählen.

undatiert

Ğ

hörst du mein Schreien nicht?
Burgen & Schlösser in mir scheinen zerstört
sind sie auf Gegenden der Illusion gebaut?
aus der Selbsverständlichkeit heraus,
dass alle so denken und handeln, wie ich selbst
so lange ich meinen Mund nicht öffne,
um dir mitzuteilen,
wie ich fühle,
bleibt das Schreien nur für mich hörbar.

Diskosport WK4
undatiert

da lauf ich nun 500 Schritte
und stelle fest,
dass ich scheinbar
an dem Punkt wiederangekommen bin,
von dem aus ich begonnen hatte loszulaufen.
ich hab mich also im Kreis bewegt.
aber womöglich bin ich auch gar nicht wirklich gestartet,
sondern hab mir alles selber vorgespielt,
als illusionäre Vorstellung für mich allein.
der (Kreis-)Lauf im Kopf.
schwer zu akzeptieren.
erschrecke ich vor meinem Selbst.
der wirkliche Start liegt natürlich
Jahrmillionen zurück

undatiert

F

nichts ist, wie es war
nichts wird sein, wie es ist

undatiert

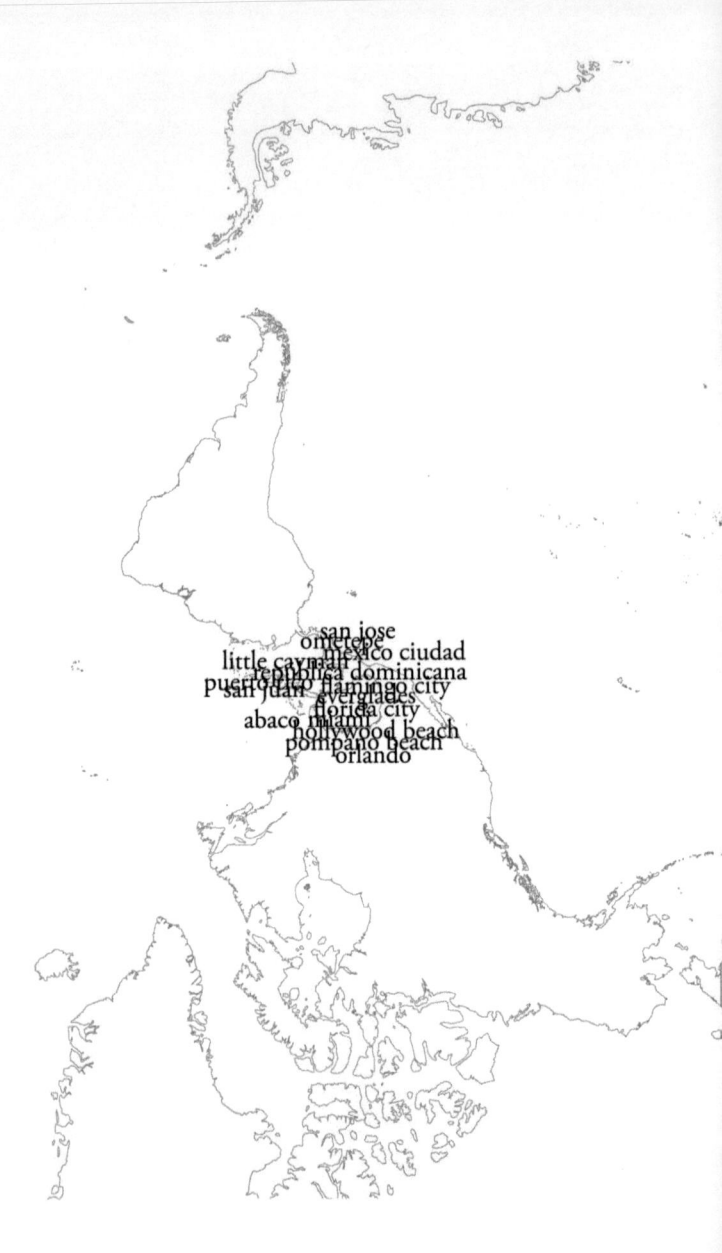

san jose
ometepe
mexico ciudad
little cayman
republica dominicana
puerto rico flamingo city
san juan
everglades
florida city
abaco miami
hollywood beach
pompano beach
orlando

melbourne

manly new farm
brisbane mapleton
moreton island
bribie island delicard
thilba thalba
sunshine coast hinterland
ubajee gheerulla

kuala lumpur
kuala ibis
gua musang

abu dhabi

münchen
nünchritz
zürich
meißen leipzig cologne
berlin 110
vilnius ueckermünde